# Mi Tercer Libro de Tawhid

 Este libro pertenece a:

# Los Nombres más Hermosos de Alá

Traducida por Somayh Naseef

Escrita por Umm Bilaal Bint Sabir
Formato y diseño por Umm Bilaal Bint Sabir
Cubrir por @ilm.cards 2023

Al Huroof Publishing
© alhuroof
Publicado por primera vez Oct 2024

ISBN: 978-1-917065-28-3

Todos los derechos reservados. Ninguna parte de esta publicación puede ser reproducida, almacenada en un sistema de recuperación de información, o transmitida en cualquier forma o por cualquier medio, ya sea electrónico, mecánico, fotocopiado, grabado o de otra manera, sin el permiso previo por escrito del autor.

Toutes demandes de renseignements à :

بسم الله الرحمن الرحيم

Alabado sea Alá, el Dios de toda la creación, y que la paz y las bendiciones de Alá sean con nuestro profeta Mahoma, a sus verdaderos seguidores y a todos sus compañeros. Procedamos:

## AL HUROOF

Al Huroof es parte de un proyecto en curso llamado Bait-at-Tarbiyah (Casa de Aprendizaje), que fue iniciado por un pequeño grupo de jóvenes madres musulmanas en 1995, Londres, Reino Unido. En ese momento, había una falta de material auténtico de enseñanza islámica para niños pequeños. Por lo tanto, decidimos reunir nuestras habilidades creativas y profesionales para desarrollar recursos y ayudas didácticas islámicas auténticas y divertidas; basadas en el Corán (el libro sagrado) y la Sunnah. Específicamente, los versos y comportamiento del Profeta Mahoma (que la paz y las bendiciones de Alá sean con él), sus compañeros y la generación que les siguió.

El enfoque inicial estaba en cuatro proyectos: tarjetas didácticas, revistas, videos y juguetes blandos; algunos de los cuales aún no se han desarrollado. Hasta la fecha hemos publicado 4 revistas de Al Huroof, una serie de tarjetas que presentan los 5 pilares del Islam y camisetas

¡Gracias a Alá! Desde entonces, los colaboradores han crecido en su propia capacidad profesional. La autora principal hasta la actualidad tiene 18 años de experiencia en la enseñanza de EFL, formación de profesores y experiencia reciente en la gestión de escuelas primarias; todo lo cual proporciona una valiosa visión para diseñar material didáctico. Esperamos continuar con nuestros esfuerzos para desarrollar ayudas didácticas y contribuir al creciente mundo de material de enseñanza islámica auténtica; teniendo en cuenta que todo este esfuerzo es para Alá. Al usar las habilidades que Él, Subhaanahu, nos ha bendecido, esperamos ayudar en la difusión del conocimiento auténtico donde sea posible. Que Alá lo acepte de nosotros, amén.

## SOBRE LA TRADUCTORA

Como profesora de idiomas apasionada y certificada, a veces asumo el papel especial de traducir libros infantiles para dejar una huella significativa. Mi idioma favorito es el español, pero también traduzco entre inglés, francés, italiano y alemán. Creo en crear traducciones que sean accesibles y atractivas para los jóvenes lectores, ayudándolos a aprender nuevas palabras mientras disfrutan de la historia. Para mí, traducir libros infantiles es una oportunidad única para contribuir a la comunidad e inspirar a las mentes jóvenes. Cada libro que traduzco es una oportunidad para conectar el mundo a través de la belleza del lenguaje.

**Al usar las habilidades que Él, Subhaanahu, nos ha bendecido, esperamos ayudar en la difusión del conocimiento auténtico donde sea posible. Que Alá lo acepte de nosotros, amén.**

# Cómo Usar Este Libro

## Cómo utilizar este libro Notas para los padres:

Este es el tercer libro de una serie de tres partes sobre el Tawhid. En árabe, Tawhid significa "hacer que algo sea uno". En la Sharia islámica (Ley Islámica), significa distinguir a Alá (solo) con adoración. Este es el fundamento de nuestra religión. El Tawhid es el conocimiento y el reconocimiento de que nuestro Señor es único con todos los atributos de Perfección, Grandeza y Majestad, y único con toda adoración*

## Acerca del Tawhid:

Acerca del Tawhid: Nuestros dos primeros libros se centraron en Tawhid-ur-Rububiyyah y Tawhid-al-Uloohiyyah: distinguir a Alá por Su Señorío y distinguir a Alá por Su Adoración. Este libro se centra en "Tawhid al-Asma wa s Sifaat", que significa distinguir a Alá con Sus Nombres y Atributos Únicos. Debemos saber que Alá tiene más de 99 Nombres y Atributos. Mediante estos al-Asma wa s-Sifaat afirmamos los Atributos de Perfección que Alá ha afirmado para Sí Mismo o que el Profeta Muhammad (que la paz y las bendiciones de Alá sean con él) afirmó para Él. También negamos cualquier deficiencia que Alá haya negado para Sí Mismo, o lo que el Profeta Muhammad (que la paz y las bendiciones de Alá sean con él) negó para Él.**

Ayude a su hijo a comprender este fundamento guiándolo para que relacione el aspecto de la adoración con el Tawhid-al Asma wa Siffat. Utilice las imágenes y el texto como una indicación para hacer preguntas y guiar sus respuestas. Hemos hecho un esfuerzo para mantener el lenguaje simple pero atractivo para el nivel objetivo de los lectores jóvenes; con algunas excepciones que los padres u otras personas pueden ayudar a simplificar.

### Palabras de alta frecuencia:

En la parte inferior de cada página, verá una lista de palabras de uso frecuente (PAF) extraídas de las primeras 100 PAF para niños de 5 a 7 años. También hay palabras nuevas (PA) adicionales que no están en esta lista, pero que se utilizan para describir las imágenes de cada página. Anime a su hijo a pronunciar todas las palabras y ofrézcale una indicación si necesita ayuda.

Esperamos que su hijo disfrute de la lectura de esta breve serie sobre el Tawhid, basada en la comprensión de los Salaf-us-Saalih, y que ayude, con el permiso de Allah, a plantar una semilla de amor por el Tawhid en los corazones de nuestros jóvenes lectores, amén.

*Ref: Notas de las conferencias de audio de 'Kitab-at Tawhid', del Imam Muhammad ibn 'Abdil-Wahhaab, Imaam as-Saa'idi y Shaykh Uzaymin, traducidas por Daawood Burbank, Allah yarhamhum **Ref: Notas de las conferencias de audio 'Explicación de Aqeedah at-Tahaawiyyah explicada por Saleh Al Fawzan, conferencia impartida por Abu Talha Da madera Burbank (rahimahullaah).

Dedicado a mis padres (Que Alá tenga misericordia de ellos) Y a dos niños especiales.

¿Sabes algo sobre los Nombres de Alá?

En árabe se llaman "**Al-Asma Al-Husna**"
(Los Nombres más Hermosos de Alá).

¿Cuántos Nombres hay?

¡Hay más de 99!

más de..

# 99

los Nombres

 Al-Asma ul-Husna

### ¿Cómo conocemos los Nombres de Alá?

Los conocemos gracias al **Profeta Mahoma** (que la paz y las bendiciones de Alá sean con él).

### ¿Cómo los supo él?

**Alá** se los **reveló** a través **del Corán** y **la Sunnah**.

los reveló  la Sunnah

## ¿El Corán fue creado?

¡No! Es las palabras de Alá, enviada a través del Arcángel Gabriel (que la paz de Alá sea con él) al Profeta Mahoma (que la paz y las bendiciones de Alá sean con él).

## ¿Qué es la Sunnah?

Son las acciones y palabras del Profeta Mahoma (que la paz y las bendiciones de Alá sean con él).

**las acciones y palabras del Profeta Mahoma**

(que la paz y las bendiciones de Alá sean con él)

El Corán y la Sunnah

En primer lugar, aprendamos
**tres cosas**
sobre **los Nombres** más
**Hermosos de Alá**.

tres cosas

**1** Cada **Nombre de Alá** tiene un **Atributo** (Sifat).
at-tri-buto

**2** ¿Qué es un **Atributo**?

Es una **acción** que viene del **Nombre de Alá**.*

**3** Cada **acción** tiene un **efecto** en **la creación de Alá**.

Alá es **Ar-Rahmaan**

El Más Misericordioso

**Nombre de Alá**

Alá otorga **Rahma — Misericordia -**

**Acción de Su Nombre**

La Rahma de Alá - Misericordia es para todos. ¡Nos da aire, agua y todo lo demás!

**Efecto en la creación**

 al-Asma wa s-Sifaat

En segundo lugar, aprendamos lo que **no debemos hacer** cuando conocemos **los Nombres más Hermosos y Atributos de Alá.**

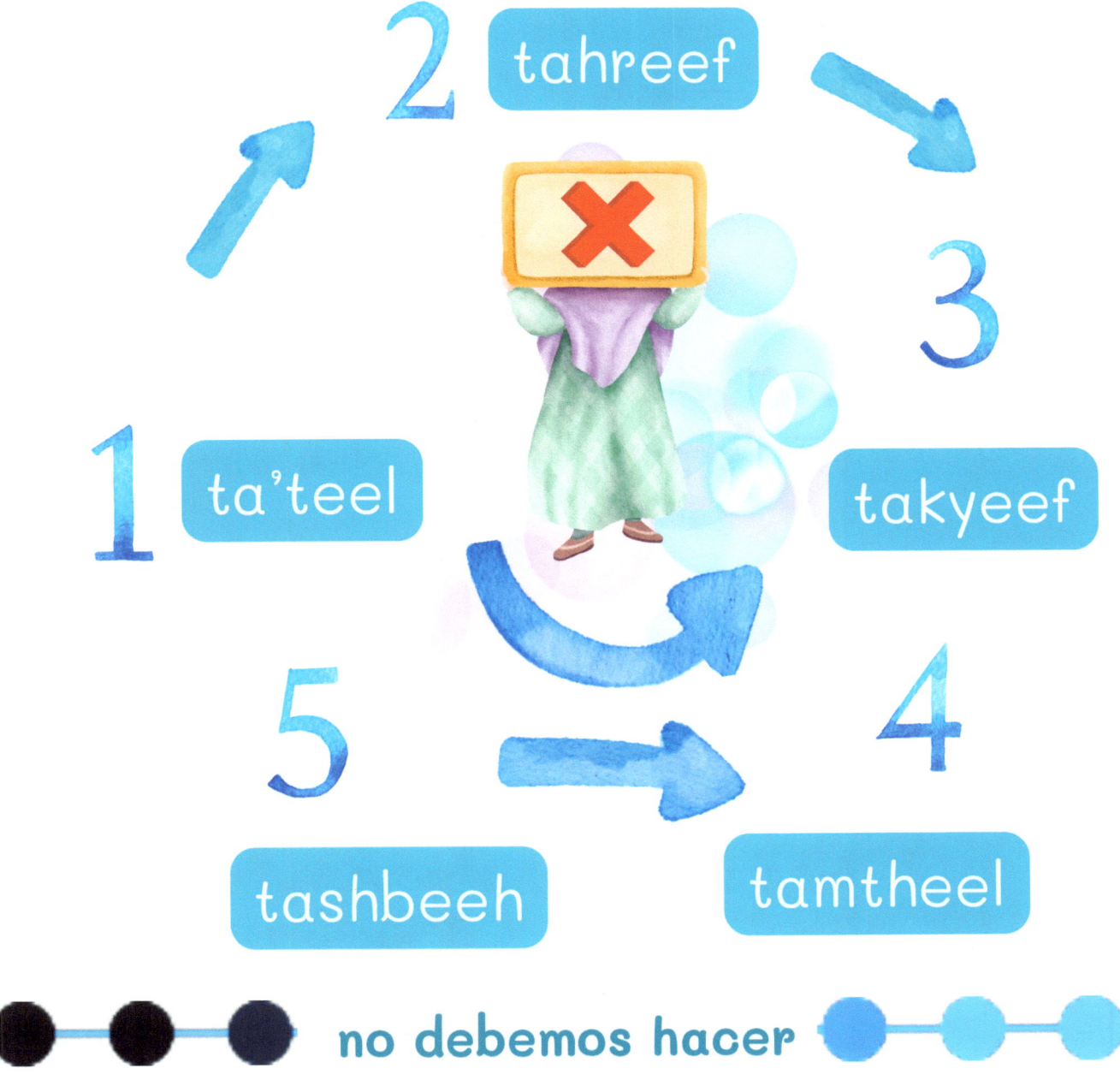

no debemos hacer

**ta'teel** significa decir que algunos de los Nombres y Atributos no son verdaderos.

 ¿Es correcto hacer esto? ¡No!  ¿Por qué?

Creemos que todos los Nombres y Atributos de Alá son Verdaderos y Perfectos.

**¿Cómo lo sabemos?**

Alá lo dice en el Corán:
"A Él pertenecen los **Nombres** más **Hermosos** y **Perfectos**..."

(azora Taha, ayas 8)

Todos los **Nombres** y **Atributos** son **Perfectos**.

No digas que no son verdaderos.

1

También...

ta'teel

**tahreef** significa **cambiar** el nuevo significado de los Nombres y Atributos de Alá.

¿Es correcto hacer esto? ¡No!  ¿Por qué?

**Alá tiene Manos.
Esto no significa Su Poder.**

**¡No añadimos un nuevo significado!**

¿Cómo lo sabemos?

**El Profeta** (que la paz y las bendiciones de Alá sean con él) no nos enseñó este significado **del Corán** y **la Sunnah**.

¡No cambies el significado!

¡No des un nuevo significado!

tahreef

Tambi

 significa **preguntar cómo** o **describir** los Nombres y Atributos de Alá.

¿Es correcto hacer esto?  ¡No!  ¿Por qué?

**Alá tiene un Rostro y Manos. No describimos ni preguntamos cómo son, ni decimos creo... imagino...**

Sólo describimos a Alá como **Él se describió a Sí** mismo en **el Corán** o como **el Profeta** (que la paz y las bendiciones de Alá sean con él) **lo describió**.

# No describes a Alá a tu manera.

## Ni preguntes cómo.

¡La imaginación no sabe cómo!

¡No digas cómo!

**3**

También... →

takyeef

**tamtheel**
**tashbeeh** — significa decir que alguien es como Alá, o que alguien es igual a Alá aunque un poquito

¿Es correcto hacer esto? ¡No!  ¿Por qué?

**Ningún** ángel, profeta, mensajero, hombre o cualquier cosa creada **es como Alá.**

**Alá oye y ve todo.** ¡Oímos y vemos pero no es lo mismo!

Alá dice en el Corán:
"¡No hay nadie como Él, y Él es el que todo lo oye, el que todo lo ve!"

(Surah ash-Shura, ayah 11)

¡Nada y/o nadie es como Alá!

4

tamtheel

¡Nadie es como o igual a Él!

tashbeeh

5

Review...

## ¡Leamos esto de nuevo!

**1** Cada Nombre de Alá tiene un **Atributo** (at-tri-buto)..

**2** Un **Atributo** es una **acción** de los **Nombres de Alá**.

**3** Cada **acción** tiene un **efecto** en Su **creación**.

**1 ta'teel**
No digas que Sus Nombres no son verdaderos o no son Perfectos.

**2 tahreef**
No cambies ni añadas significado a Sus Nombres.

**3 takyeef**
No describas a Alá a tu manera ni preguntes cómo.

**4 tamtheel** **5 tashbeeh**
Nadie es como Alá ni lo mismo que Él, ni siquiera un poquito

leer de nuevo

¿Estás listo para aprender algunos de los **Al-Asma wa s-Sifaat** (Nombres y Atributos) **de Alá**?

¡SÍ!

¿Qué decimos antes de empezar algo?

¡Decimos Bismilla!

**Esto tiene el nombre de "Alá".
Decimos esto para recibir
bendiciones en todo lo que hacemos.**

¡Cuando comemos, bebemos, nos ponemos la ropa, nos la quitamos, nos ponemos los zapatos, entramos en la casa, salimos de la casa y más!

Observa estos nombres de Alá.

¿Puedes intentar decirlos?

¿Sabes en qué azora se encuentran?

Aquí tienes una pista...

**Lo recitamos** en nuestra **oración**.

¡**Lo recitamos** cuando estamos **enfermos** y muchas otras veces!

5 Nombres

## ¡Es azora al-Fatihah!

¡Esta azora trata sobre el **Tawhid**!

### ¿Cómo?

1. Nos dice que Alá es el Dios de todo..
2. Nos dice que sólo a Alá adoramos.
3. Nos dice los nombres de Alá..

Veamos el significado de los nombres.

Recitamos azora al-Fatihah en nuestra oración diaria.

Tawhid de

1. al señorío
2. de adoración
3. Nombres y Atributos

al-Fatihah

## ¿Cómo decimos este nombre?

**Ar-Rabb**

## ¿Qué significa?

**Ar-Rabb** significa **El Dios.**
**El Dios** que crea, controla, provee, ordena, ayuda y guía a toda la creación.

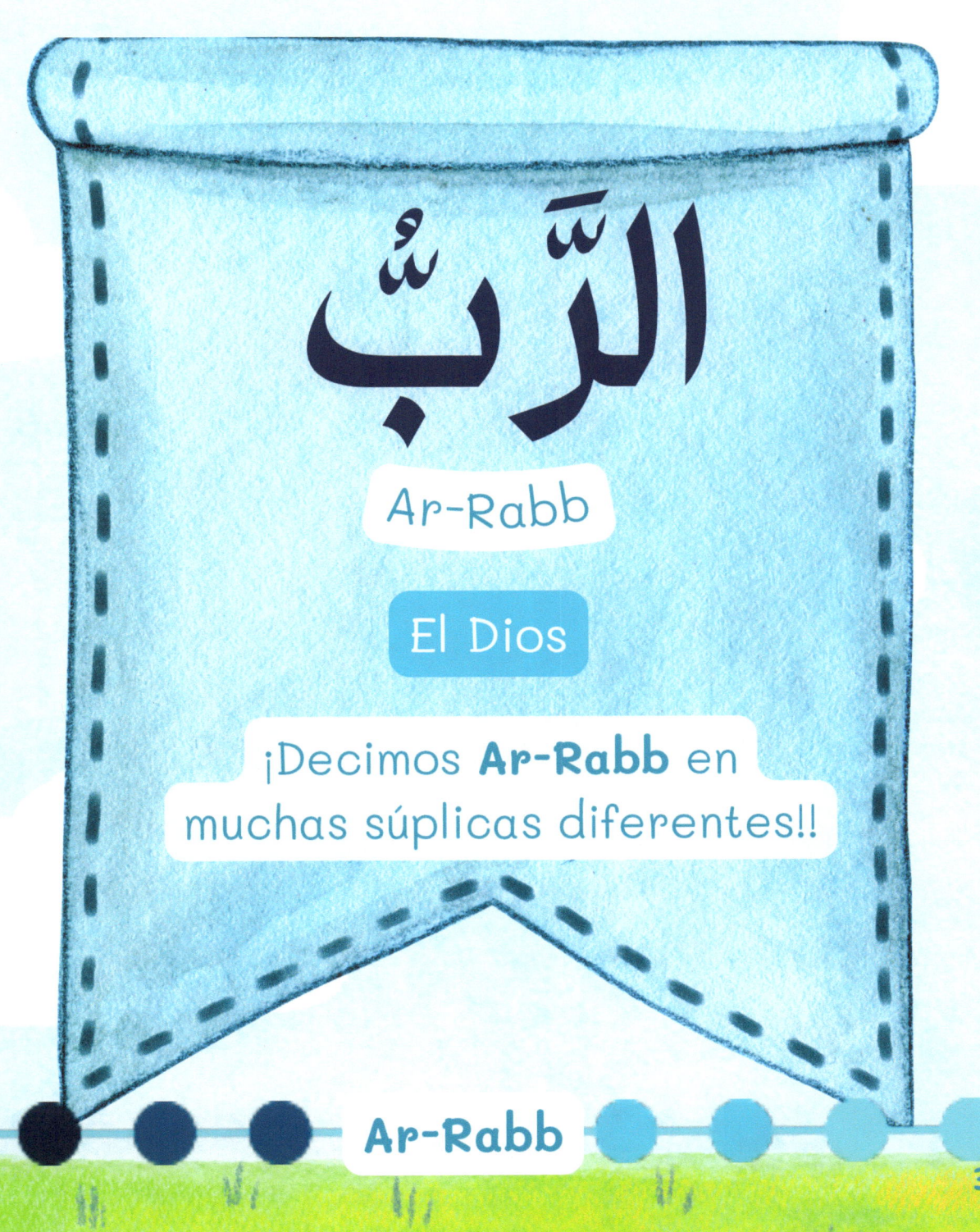

## ¿Cómo decimos esto?

**Ar-Rahmaan**          **Ar-Rahim**

## ¿Qué significan?

**Ar-Rahmaan** significa El Más Misericordioso.

**Ar-Rahim** significa El Extremadamente Misericordioso

Alá es misericordioso con todos, incluso aquellos que no creen en Él.

Alá será más misericordioso con los creyentes en el Día del Juicio Final.

الرَّحْمٰنُ

Ar-Rahmaan

El Más Misericordioso

Él es el Más Misericordioso con todos.

الرَّحِيمُ

Ar-Rahim

El Extremadamente Misericordioso

Él es más Misericordioso con los creyentes

Ar-Rahmaan   Ar-Rahim

¿Cómo decimos este nombre?

> Al-Malik

**Al-Malik** significa **El Verdadero Rey.**
**¡Ningún otro rey es dueño de todo!**

> Al-Maleek

**Al-Malik** significa **El Tremendo Rey**
**Que creó todo.**

## Al-Malik
### المَلِك

**El Verdadero Rey**

## Al-Maleek
### المَلِيك

**Al-Malik El Tremendo Rey**

Al-Malik O Al-Maleek

Mira estos Nombres de Alá.

¿Puedes intentar decirlos?

¿Sabes en qué azora están?

**Aquí tienes una pista...**

Lo recitamos por la mañana y por la tarde.

Lo recitamos antes de irnos a dormir.

## Sí, es azora al-Ikhlaas!

¡Esta azora también trata sobre el **Tawhid**!

¿Sabías que esta azora equivale a un tercio del Corán?

Recitamos azora al-Ikhlaas en nuestra oración sunnah antes del fajr y después del maghrib.

Surah al-Ikhlaas

¿Cómo decimos este nombre?

Al-Ahad

¿Qué significa?

Al-'Ahad significa El Único.

¡El Único y Único en todos los sentidos!

## ¿Cómo decimos este nombre?

**As-Samad**

### ¿Qué significa?

**As-Samad** significa
**El Perfecto, Dios y Maestro**

Todo en la creación depende de Él para todo lo que necesita.

# الصَّمَدُ

## As-Samad

**El Perfecto, Dios y Maestro**

Todo en la creación depende de Alá.

As-Samad

Mira estos nombres de Alá.

¿Puedes intentar decirlos?

¿Sabes en qué eya se encuentran?

**Aquí tienes una pista...**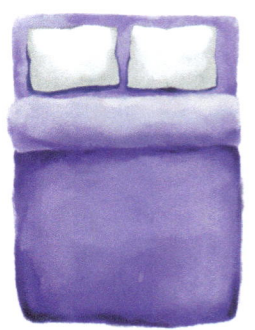

Lo recitamos después de cada oración.

Lo recitamos antes de irnos a dormir.

¡Sí! Es Ayatul Kursi.

¡Tiene 6 hermosos nombres de Alá!

Está en azora al-Baqarah.

Es el eya más significativa del Corán.

Recitamos Allat Al-Kursi para pretegernos.

Ayatul Kursi

## ¿Cómo decimos este nombre?

> Al-Ilaah

## ¿Qué significa?

**Al-Ilaah** significa **El Único Dios Verdadero que Únicamente debe ser adorado.**

## ¿Puedes recordar qué es la adoración?

¡La adoración es todo lo que Alá ama y le complace, incluyendo: creer en Alá, rezar, ayunar, realizar el hajj, dar caridad y mucho más!

## ¿Cómo decimos estos nombres?

**Al-Hayy**                **Al-Qayyūm**

### ¿Qué significan?

**Al-Hayy** significa **El Eterno**

**Al-Qayyūm** significa **El Sustentador Independiente**

Tiene Vida **Completa** y **Perfecta**. No duerme ni muere.

Toda **la creación depende de Él**, sin embargo, **Él no necesita nada**.

الْحَيُّ

Al-Hayy

El Eterno

Vida Perfecta y Completa

الْقَيُّومُ

Al-Qayyūm

El Sustentador Independienteependent Sustainer

Poder completo para sustentar, guardar y proteger todo.

Al-Hayy   Al-Qayyūm

## ¿Cómo decimos estos nombres?

**Al-ʿAliyy**  **Al-ʿAdhīm**

### ¿Qué significan?

**Al-ʿAliyy** significa Muy por encima.

**Al-ʿAdhīm** significa El Magnífico..

Muy por encima de las cosas incorrectas que la gente dice, Muy por encima de Su Trono y Muy por encima de la creación con Su Poder.

¡Él es **Magnífico** y el Único que merece alabanza y adoración debido a **Su Grandeza!**

Éstos son algunos de los
**Nombres y Atributos de Alá**.

El Profeta (que la paz y las bendiciones de Alá sean con él) dijo:
**"Alá tiene noventa y nueve nombres (es decir, cien menos uno), quien los conozca irá al Paraíso."**
(Sahih Bukhari (6410)

Todos los **Nombres y Atributos** de Alá con sus significados **Perfectos** y **Completos** son **sólo para Alá**.

Este es **Tawhid al-Asma wa s-Sifaat**.

# Tawhid al-Asma wa s-Sifaat

Todos los Nombres y Atributos de Alá son Perfectos y Completos.

Tawhid al-Asma wa s-Sifaat

¿Hay **recompensa** si invocamos a Alá por Sus **Nombres** y **Atributos**?

¡**Sí**! Hacer du'aa y pedirle a Alá por Sus Nombres Más **Hermosos** y **Atributos** es adoración.

اقرأ

¿**Cómo lo sabemos?**
**Dios nos dice en el Corán:**

"..Alá dijo en el Corán: "A Él pertenecen los **Nombres Más Hermosos** y **Perfectos,** así que **invocadLo por ellos...**"

(Azora Al-'Araf 180)

"Y si Mis siervos te preguntan por Mí, diles que estoy cerca de ellos. **Respondo la súplica de quien Me invoca...**"

Surat al-Baqarah aya 186

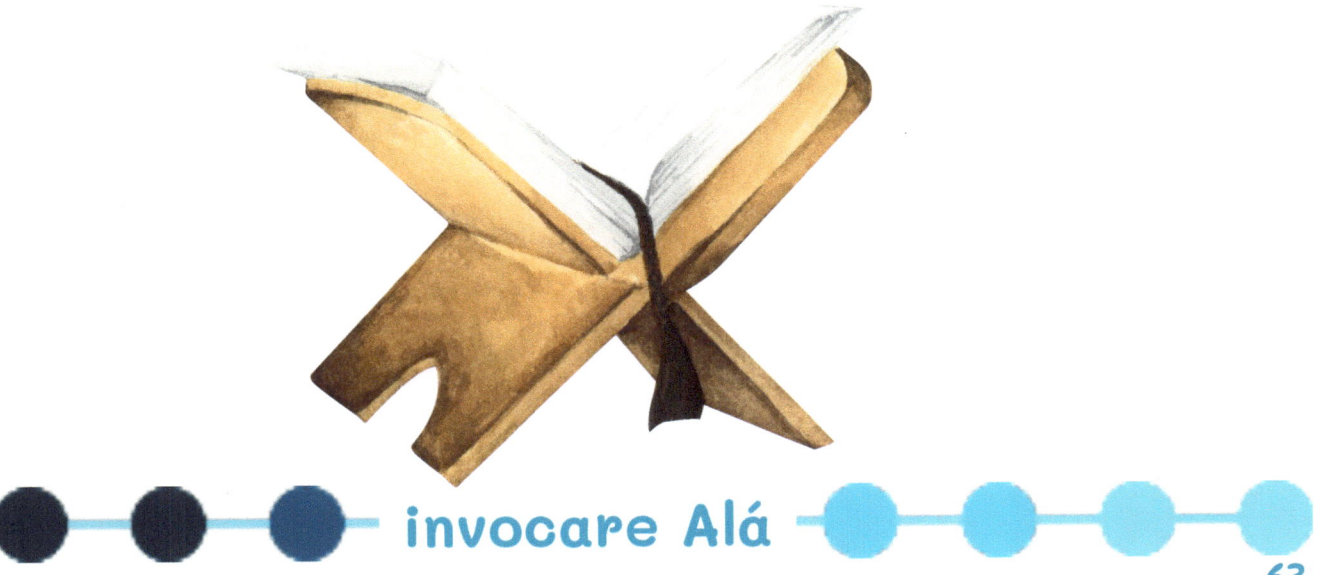

invocare Alá

# (PAF) Las palabras

- a
- de
- en
- que
- el

- la
- los
- es
- y
- al

# de alta frecuencia

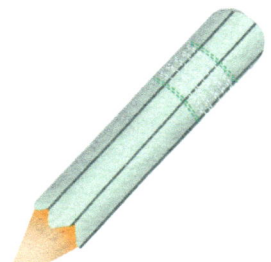

- por
- no
- lo
- con
- se
- su
- un
- qué
- como
- más

# SERIE INFANTIL SOBRE TAWHID

### English

### French

### German

### Spanish

### Italian

### Urdu

**¡LECTURA AUTÉNTICA PARA NIÑOS!**

www.ingramcontent.com/pod-product-compliance
Lightning Source LLC
Chambersburg PA
CBHW060820090426
42738CB00002B/47